汉语视听说教

中国电影欣赏
WATCHING THE MOVIE AND LEARNING CHINESE

SHOWER

洗澡

张莉 陈天序　编著

北京语言大学出版社
BEIJING LANGUAGE AND CULTURE
UNIVERSITY PRESS

图书在版编目（CIP）数据

中国电影欣赏：洗澡／张莉，陈天序编著. —北京：
北京语言大学出版社，2008.12
　（汉语视听说教材系列）
　ISBN 978-7-5619-2269-9

　Ⅰ.洗… Ⅱ.①张…②陈… Ⅲ.①汉语—对外汉语教学—
语言读物 Ⅳ. H195.5

　中国版本图书馆 CIP 数据核字（2008）第 192610 号

书　　名：	中国电影欣赏：洗澡
责任印制：	陈　辉

出版发行：北京语言大学出版社
社　　址：北京市海淀区学院路 15 号　邮政编码：100083
网　　址：www. blcup. com
电　　话：发行部　82303648／3591／3651
　　　　　编辑部　82300090
　　　　　读者服务部　82303653／3908
　　　　　网上订购电话　82303668
　　　　　客户服务信箱　service@ blcup. net
印　　刷：北京新丰印刷厂
经　　销：全国新华书店

版　　次：2008 年 12 月第 1 版　2008 年 12 月第 1 次印刷
开　　本：787 毫米×1092 毫米　1/16　印张：4.25
字　　数：78 千字　印数：1－3000 册
书　　号：ISBN 978-7-5619-2269-9/H·08258
定　　价：38.00 元（图书 13.00 元,DVD 25.00 元）

凡有印装质量问题，本社负责调换。电话：82303590

编写说明

从外语学习和教学的角度来看，电影不仅语言真实自然，而且剧情引人入胜，反映社会现象，体现文化内涵，因此，电影视听教学是深受欢迎的一种课型。对外汉语教学界也普遍使用中国电影进行汉语视听教学，但是，由于种种原因，目前根据中国电影编写出版的视听教材却是凤毛麟角，各个学校大都是使用为中国人出版的光盘进行电影视听教学，学习材料简单，教学也不够规范。为了适应教学需求，北京语言大学对外汉语教材研发中心选择汉语教师广泛使用、外国学生普遍欢迎的一些中国电影，组织编写出版这套中国电影视听教材。

这套中国电影视听教材采取一部电影一本教材的模式编写，目的是让教师有充分的选择和组合的自由。由于一部电影一般长度都在90分钟以上，为了不占用有限的课堂教学时间，建议在课前让学生自己先完整看一遍电影。课堂教学部分为4-6课时，选择电影的几个片段，详加注解，设计练习，编为教材。至于课堂教学以外的内容，为了便于学习者理解、欣赏，除了DVD提供英文字幕以外，教材也提供了附有生词翻译和语言点注释的电影文本，建议学习者课后自学。

教材的配套DVD是专门为教材重新制作的，包含"欣赏版"和"教学版"。"欣赏版"是全剧的完整播放，所有中文字幕都经过认真的校对；"教学版"则是所选教学内容的重新剪辑，课堂教学只需要播放"教学版"，专门为教材设计的教学环节都体现于其中，不仅方便了教学，而且充分利用了录像。需要说明的是，由于技术问题，某个教学环节播放结束之后，画面只能短时暂停，需要教师按播放器的暂停键，以长时暂停。

这套中国电影视听教材分为两个等级，一是初中级，选择反映当代中国人生活的电影，侧重语言教学，如《洗澡》；二是中高级，选择反映中国文化的电影，兼重语言与文化教学，如《霸王别姬》。每本教材都有具体的适用水平的介绍。

电影《洗澡》上映于1999年，曾在国内外多次获奖，是一部意蕴深刻的优秀作品。教学版选取6个片段，总长度约为27分钟，建议教学课时为4学时。语速较慢，词语简单，适合掌握1500词汇的学习者使用。

北京语言大学
对外汉语教材研发中心

目 录

Contents

导 视..(1)

　　Introduction

1 大明回家..................................(3)

　　Daming Returns Home

2 二明丢了..................................(8)

　　Erming Is Missing

3 大明顶班..................................(14)

　　Daming Works in His Father's Stead

4 老刘去世..................................(18)

　　Lao Liu Passed Away

5 最后的澡堂子..............................(21)

　　The Final Days of the Bathhouse

6 兄弟情深..................................(27)

　　Brotherhood

7 综合练习..................................(29)

　　Comprehensive Exercises

8 《洗澡》学习文本..........................(32)

　　Annotated Text of *SHOWER*

9 答案......................................(62)

　　Keys

导 视 **Introduction**

背景介绍 **Background**

　　这部电影里的故事发生在20世纪90年代的北京。20世纪90年代，是中国快速发展与变化的年代。随着经济的快速发展，城市的面貌发生了很大的变化，人们的观念也在悄悄地改变。传统生活与观念虽然美好，但是都受到了很大的冲击。不管愿意不愿意，人们都要面对现实，改变自己……

主要人物 **Main Characters**

老刘：澡堂老板

大明：老刘的大儿子

二明：老刘的二儿子

何正：大明的老朋友

苗壮：经常在澡堂唱歌的年轻人

张金浩、王芳：经常打架的夫妻俩

老林、老吴：经常来洗澡的两位老人

课前预习
Preparation

完整地看一遍电影，思考下面问题
Watch the movie and think over

1. 电影中的澡堂大不大？
   澡堂周围环境怎么样？
   经常来洗澡的都是些什么人？
2. 澡堂老板的大儿子从哪里回来？
   回来干什么？
   他跟他的父亲和弟弟感情怎么样？
3. 澡堂最后怎么样了？
   澡堂老板一家人最后怎么样了？

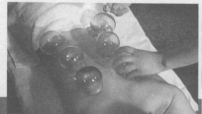

大明回家
Daming Returns Home

生词 New words and expressions

1	出差	chū chāi	to be on a business trip
2	惯	guàn	(动)	to be used to
3	偶尔	ǒu'ěr	(副)	once in a while, occasionally
4	酱	jiàng	(名)	thick sauce made from soya beans, flour, etc.
5	放松	fàngsōng	(动)	to relax, to slacken, to loosen
6	较劲	jiàojìn	(动)	to match one's strength with
7	哎哟	āiyō	(叹)	*used to expressing astonishment or pain*
8	掐	qiā	(动)	(coll.) to quarrel, to fight
9	闷	mèn	(形)	bored, depressed
10	得慌	de huang		to a certain degree
11	没法弄	méi fǎ nòng		can do nothing about it
12	让	ràng	(动)	to give way, to give in, to yield
13	回	huí	(量)	*number of times*
14	下毒手	xià dúshǒu		to strike a vicious blow
15	今儿（个）	jīnr(ge)	(名)	(coll.) today
16	跟	gēn	(介)	(dialect) at, in, with
17	打搅	dǎjiǎo	(动)	to disturb, to trouble
18	改天	gǎitiān	(副)	another day, some other day
19	衣裳	yīshang	(名)	clothing, clothes, vesture
20	误会	wùhuì	(动)	to misunderstand

语言讲解　Notes on language points

1　干吗寄给我

"干吗"，常用于口语。有两个意思。

"干吗", a colloquial expression, has two meanings.

(1) 相当于"为什么"，例如：

Equivalent to "为什么"(why), for example:

你干吗要请这种人吃饭？

说别人的事儿，她干吗脸红？

(2) 相当于"做什么"，例如：

Equivalent to "做什么"(what to do), for example:

A：把你的车给我用一下。

B：你要干吗？

2　吓我一跳

"吓……一跳"，让人受到惊吓，例如：

"吓……一跳" means "give sb. a start", for example:

我刚睡着，电话响了，吓了我一跳。

她正在草地上看书，一个足球飞了过来，她被吓了一大跳。

3　还吃得惯吧

"……得惯"，常用于口语，表示"能习惯"。否定形式是"……不惯"。例如：

"……得惯", a colloquial expression, means "get used to", and its negation is "……不惯". For example:

A：中国菜你吃得惯吗？

B：吃得惯，但是米饭吃不惯。

否定式有时候有"不能接受"的意思，例如：

Sometimes its negation may have the meaning of unacceptability, for example:

那个小伙子不给老人让座，我看不惯，就说了他两句。

4 一天不捣就闷得慌

"……得慌"，常用于口语。用在表示不好的感觉的形容词后，表示这种感觉到了一定程度。例如：

"……得慌", a colloquial expression, is used after an adjective expressing a bad feeling to indicate that feeling has reached to a certain degree. For example:

> 走了很长的路了，肚子饿得慌。

这个程度可能高，也可能不高，所以形容词前面可以加"有点儿"、"太"等。例如：

As this degree can be great or less, the adjective can be modified by "有点儿" and "太", etc. For example:

> 先休息一会儿吧，我有点儿累得慌。

> 要是没事儿干太闷得慌，就上街随便逛逛。

5 让她一回

"回"，量词，表示动作的次数，比"次"更口语化。例如：

"回" is a classifier denoting frequency of an action. It is more colloquial than "次". For example:

> 这人我今儿在街上碰见了三回。

> 我头一回唱卡拉OK是在七年前。

"回"还有一些常用固定用法，例如：

There are some other collocations for "回", for example:

> 这是怎么回事？

> 你们俩说的其实是一回事。

> 练习和比赛是两回事。

视听说练习　Exercises based on the video

看第一遍，做练习
Watch the video for the first time and do exercises

判断对错　True or false

1. 老刘知道儿子要回来。　　　　　　　　　　　　（　）
2. 大明出差来北京，顺便回家看看。　　　　　　　（　）
3. 大明回家后，老刘很高兴，做了很多饭菜。　　　（　）
4. 老刘身体看上去很好。　　　　　　　　　　　　（　）
5. 晚饭后，父子三个人一起出去跑步。　　　　　　（　）

看第二遍，做练习
Watch the video for the second time and do exercises

一　选择与画线部分意思最接近的词语

Choose the answer that best reflects the meaning of the underlined words

1. 吓我一跳，我还以为爸……
   A. 让我跳起来　　B. 让我很害怕　　C. 让我很奇怪

2. 还吃得惯吗？
   A. 吃得习惯　　　B. 吃得下去　　　C. 能吃很多

3. 你别较劲啊。
   A. 比力气　　　　B. 用力　　　　　C. 不使劲

4. 一天不掐就闷得慌，是不是？
   A. 觉得很闷热　　B. 觉得很着急　　C. 觉得很无聊

5. 我这让她一回吧，真下毒手啊。
   A. 用手打　　　　B. 打得狠　　　　C. 用毒药

6. 咱们改天再聊。
   A. 换一天再聊　　B. 第二天再聊　　C. 过一天再聊

二 回答问题　Answer the following questions

1. 澡堂里有哪些服务？
2. 老刘见到大明时是什么表情？
3. 大明对二明说："我还以为爸……"，大明没说出来的话是什么？
4. 吃晚饭时，老刘为什么问大明"还吃得惯吗"？
5. 老刘对大明说"你能回来看弟弟，我很高兴"，你认为大明回来是看谁的？
6. 大明多长时间没有回家了？从哪里可以知道？
7. 大明在电话里说"是我误会了"，他误会了什么？为什么会误会？
8. 大明打算什么时候回去？

看第三遍，做练习
Watch the video for the third time and do exercises

一 配音练习　Role-play

1. 看电影片段，扮演大明。
2. 看电影片段，扮演老刘。

二 表达练习　Let's talk

1. 看电影片段。老刘看明信片之前和之后，心里有什么变化？为什么？
2. 看电影片段。张金浩为什么说"我就不跟这儿打搅你们了"？

三 讨论　Discussion

老刘和大明父子关系有什么奇怪的地方？

二明丢了

Erming Is Missing

生词 New words and expressions

1	按摩	ànmó	（动）	to massage
2	后背	hòubèi	（名）	back
3	遥控器	yáokòngqì	（名）	remote control
4	对座单	duìzuòdān	（名）	confirmation slip
5	核对	héduì	（动）	to examine and check, to check up
6	报警	bào jǐng		to report an emergency to the police
7	踏实	tāshi	（形）	with peace of mind, free from anxiety
8	居然	jūrán	（副）	unexpectedly, to one's surprise, to go so far as to
9	给	gěi	（助）	*a particle used to show emphasis*
10	看	kān	（动）	to look after, to keep watch over
11	里头	lǐtou	（名）	inside, interior, in
12	到底	dàodǐ	（副）	*used in an interrogative sentence for emphasis*
13	澡堂（子）	zǎotáng(zi)	（名）	public baths, bathhouse
14	在乎	zàihu	（动）	(usually used in the negative) to care about, to mind
15	一辈子	yíbèizi	（名）	all one's life, a lifetime, throughout one's life
16	知足	zhīzú	（动）	to be content with what one has
17	认了	rèn le		to resign oneself to a loss, to accept as unavoidable

语言讲解 Notes on language points

1 找**着**没有

"着"（zháo），用在动词或形容词后面，表示某种结果。常用于口语。在这部电影中，有三种用法。

"着"(zháo), as a colloquialism, is used after a verb or adjective to express a result. In this movie, it has three usages.

（1）在及物动词后，表示动作达到了目的，例如：

When used after a transitive verb, it means the action of the verb has achieved its purpose, for example:

你以为你躲在这儿，我就找不着你了？

今儿个我要是见不着钱，就没你好受的。

（2）在不及物动词或形容词后，表示产生不好的结果，例如：

When used after an intransitive verb or an adjective, it means the action of the verb has a bad result, for example:

快回去换件衣裳，小心别冻着了。

这点儿活儿我一会儿就能干完，累不着。

（3）"用得着"表示"需要"，"用不着"表示"不需要"，例如：

"用得着", means "need, require, there is need to", and "用不着", "not need, there is no need to". For example:

这份工作已经有人干了，用不着我了。

走路只要几分钟，用得着开车去吗？

2 别**老**这样

副词"老"，也说成"老是"，修饰动词或形容词，表示动作或状态一直如此，常有不满意的意思。相当于"一直"、"总是"。多用于口语。例如：

Adverb "老", also "老是", as a colloquialism, is used to modify a verb or an adjective, indicating that an action or state has been such for a long time. When used this way, it may imply a sense of dissatisfaction, equivalent to "一直" or "总是". For example:

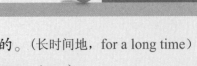

> 你不要一天到晚老看电视，眼睛会坏的。（长时间地，for a long time）
>
> 一到冬天，我老是感冒。（多次地，for many times）
>
> 她们在一起时，老是谈一些女人之间的事情。（经常地，frequently）

3 居然给丢了

"居然"，表示事实与预期相反，或者不合常理，例如：

"居然" indicates that the fact is opposite to the reality, expectation or common sense, for example:

> 这么小的孩子，居然能看懂这么难的书。
>
> 现在已经是夏天了，居然下起雪来。

4 你回来到底干什么

"到底"用于疑问句，表示追究，要求确定的回答。例如：

When used in an interrogative sentence, "到底" indicates a further request for a definite reply, for example:

> 你回来到底干什么啊？
>
> 你到底什么时候去上海啊？

5 你既然看不住他，你就别带他出来呀

"既然……就……"，表示推论因果关系。前面的小句说出双方都知道的事实，后面的小句由此推出结论。例如：

"既然……就……" is used to express a cause and effect relation between two clauses, in which the first clause tells a fact known to both speakers and the latter the conclusion. For example:

> 你既然看不住他，你就别带他出来呀！
>
> 既然你来早了，我们就先练习练习吧。

6 看不住

"住"用在动词后，有两种意思。

When used after a verb, "住" has two meanings.

（1）表示"停止、停顿"，例如：

It indicates a halt or pause, for example:

他骑车太快，一下子停不住，差点儿撞到行人。

他的这个问题把我问住了，我答不出来。

他忍不住笑出了声。

（2）表示"牢固、稳固"，例如：

It indicates firmness or stability. For example:

邮票没有贴住。

这几个语法规则我总是记不住。

他太厉害了，对方的后卫(hòuwèi, fullback)根本看不住他，他进了三个球。

7 我不在乎

"在乎"，把……看得很重要。常常用在否定句和问句中。例如：

"在乎" means treating something or someone important and it is often used in negative or interrogative sentences. For example:

你看不起我，我不在乎。

只要能有一份工作，我不太在乎挣多少钱。

如果你的男朋友不太有钱，你在不在乎？

8 我认了

"认了"，表示接受某种不好的结果。"了"不能省去。例如：

"认了" refers to the acceptance of certain bad result and "了" cannot be omitted here. For example:

你不要管了，这个结果我认了。

我丢一个儿子，我认了！

视听说练习 Exercises based on the video

看第一遍，做练习
Watch the video for the first time and do exercises

判断对错　True or false

1. 大明给老刘买了一个沙发。　　　　　　　　　　　　　（　）

2. 老刘不让二明跟大明去买飞机票。　　　　　　　　　　（　）

3. 二明认识环卫工人，跟他走了。　　　　　　　　　　　（　）

4. 大明找二明，到晚上才回家。　　　　　　　　　　　　（　）

5. 老刘找到了二明，把他带回了家。　　　　　　　　　　（　）

看第二遍，做练习
Watch the video for the second time and do exercises

一　选择与画线部分意思最接近的词语
Choose the answer that best reflects the meaning of the underlined words

1. 用不着你，你走吧！

   A. 你没有用　　　　B. 你不想来　　　　C. 不需要你

2. 你既然看不住他，你就别带他出来呀！

   A. 没有看见他　　　B. 让他跑掉了　　　C. 没让他停下

3. 你看不起我，我不在乎。

   A. 不让别人说　　　B. 不放在心里　　　C. 不听别人的话

4. 我看那些老客人，我知足了！

   A. 感到满足　　　　B. 感到踏实　　　　C. 感到实在

5. 我丢一个儿子，我认了！

   A. 我知道了　　　　B. 我接受了　　　　C. 我报警了

二　回答问题　Answer the following questions

1. 大明给老刘买了礼物，二明和老刘高兴吗？

2. 大明决定买什么时候的机票？

3. 二明是怎么丢掉的？

4. 二明丢了后，老刘的表现怎么样？

5. 老刘的话告诉我们，大明现在在哪个城市工作？你了解这个城市吗？

6. 老刘觉得大明到底为什么回来？

7. 老刘说"我丢了一个儿子"是什么意思？

8. 二明早上回来后翻牌子，牌子的两面写的是什么字？是什么意思？

看第三遍，做练习
Watch the video for the third time and do exercises

一 填空　Fill in the blanks

老　刘：你＿＿＿＿＿我干什么？

大　明：您＿＿＿＿＿啊？

老　刘：上哪儿去？我＿＿＿＿＿！

大　明：那我跟您＿＿＿＿＿。

老　刘：＿＿＿＿＿你，你走吧！你回你的＿＿＿＿＿去吧！一个＿＿＿＿＿，
＿＿＿＿＿就给丢了。你既然＿＿＿＿＿他，你就别＿＿＿＿＿呀！你
＿＿＿＿＿根本就没有二明啊！你回来干什么啊？你回来＿＿＿＿＿
干什么啊？

大　明：我回来看您和二明。

老　刘：你是看我是不是＿＿＿＿＿了！我知道，你＿＿＿＿＿澡堂子，你看
不起我，我＿＿＿＿＿。我搓了一辈子澡，我看那些老客人，我
＿＿＿＿＿了！你要干大事，你要＿＿＿＿＿，你，你，你去干去呀！
我们俩过得好好儿的，你说你回来干什么？我，我＿＿＿＿＿一个儿子，
我＿＿＿＿＿！我不能都丢了，我！

二 表达练习　Let's talk

1．看电影片段。为什么老刘说话时犹豫(yóuyù, to hesitate)了一下儿？

2．请说说老刘眼中的大明是什么样的人。

3．听完老刘的话，大明什么话都没说，这时他可能在想什么？

三 讨论　Discussion

大明离开北京之前和老刘可能发生过什么事情？

3

大明顶班
Daming Works in His Father's Stead

 生词 New words and expressions

1	漏	lòu	（动）	to trickle, to leak, to seep
2	不管	bùguǎn	（连）	no matter (what, how, etc.)
3	回头	huítóu	（副）	later
4	冻	dòng	（动）	to freeze, to feel very cold
5	熬	áo	（动）	to cook into porridge or thick soup
6	着凉	zháo liáng		to catch a cold
7	顶	dǐng	（动）	to cope with, to stand up to
8	开业	kāi yè		to start business, to open a business
9	盯	dīng	（动）	to look after, to take care of, to tend
10	顶班	dǐng bān		to work as a temporary substitute, to take over sb.'s shift
11	受凉	shòu liáng		to catch a cold
12	当心	dāngxīn	（动）	to be careful, to take care, to look out

语言讲解 Notes on language points

1 没几家不漏的

"没（有）……不……"是一个双重否定结构，用来强调。例如：

The structure "没（有）……不……" is a double negation to express an emphasis. For example:

他在这里很有名，没有人不认识他。

这里的人很重视教育，没有哪个孩子不上学的。

也可以说"没有不……"，后面一般要加"的"，例如：

A similar expression is "没有不……", which is often followed by "的", for example:

全班同学看了这部电影，没有不被感动的。

一个人只要做工作，没有不犯错误的。

2 不管怎么说，这也是住了一辈子的地方

"不管"，表示在任何条件下，结果或结论都不会改变。常与"也、都、还"配合使用。"不管"后面的词语有以下几种类型。

"不管" indicates that the result or conclusion will not change under any circumstances, and is often used together with "也", "都" or "还". Words that are placed after "不管" are of the following types:

（1）包含"什么、怎么、谁、哪、多（么）"等疑问词，例如：

Interrogative words such as "什么", "怎么", "谁", "哪", or "多（么）", for example:

他不管怎么忙，每天都一定要学习两个小时。

不管有多远，我也要去。

（2）用"还是、或者"连接两个并列项，例如：

Coordinate parts connected by "还是" or "或者", for example:

不管是北京还是上海，交通问题都越来越严重。

不管你或者他，总要来一个人才行。

（3）包含"A不A、A没A"这样的词语，例如：

Phrases that include "A不A" or "A没A", for example:

不管你是不是愿意，你都必须接受这个条件。

不管你有没有见到他，都应该跟我说一声。

（4）包含两个并列的反义词语，例如：

Phrases that include two coordinate parts of opposite meaning, for example:

这个班的同学，不管高矮胖瘦，个个都喜欢踢足球。

不管他有钱没钱，我都要跟他结婚。

3 吃点儿药就顶过去了

"过去"用在某些动词后，表示度过一个困难时期或一个难关。例如：

When used after certain verbs, "过去" means surviving a difficult or critical period. For example:

肚子疼极了，我顶不过去了。

把这个月拖过去，下个月我就有钱交房租了。

视听说练习 Exercises based on the video

看第一遍，做练习
Watch the video for the first time and do exercises

判断对错 True or false

1. 大明给老刘送雨衣。 （ ）
2. 天亮的时候，老刘和大明在屋顶上谈话。 （ ）
3. 这些房子都很旧了。 （ ）
4. 老刘生病了。 （ ）
5. 大明决定留在澡堂工作了。 （ ）

看第二遍，做练习
Watch the video for the second time and do exercises

一 选择与画线部分意思最接近的词语
Choose the answer that best reflects the meaning of the underlined words

1. 一下雨啊，没几家不漏的。
   A. 好几家漏雨　　　B. 几乎家家漏雨　　　C. 只有几家漏雨

2. 快回去换件衣裳，回头冻着了。
   A. 受凉　　　　　　B. 被冻　　　　　　　C. 凉快

3. 吃点儿药就顶过去了。
   A. 冲过去　　　　　B. 跳过去　　　　　　C. 坚持下去

4. 我和二明盯着就行了。
   A. 我和二明照顾着　B. 我和二明互相看着　C. 我照顾着二明

5. 顶你爸爸班哪？

　　A. 代你爸爸上班　　　　　B. 陪你爸爸上班　　　　　C. 接你爸爸的班

二　回答问题　Answer the following questions

1. 和大明离家之前相比，澡堂附近变化大不大？

2. 老刘在这里住了多长时间？

3. 发现大明穿得很少，老刘让大明干什么？

3. 老刘吃的是中药还是西药？你是怎么知道的？

4. 澡堂这天还开业吗？谁去上班？

看第三遍，做练习

Watch the video for the third time and do exercises

一　填空　Fill in the blanks

大　明：跟我＿＿＿＿一样，一点儿都没变。

老　刘：＿＿＿＿多了！一下雨啊，没几家＿＿＿＿的。

大　明：那应该＿＿＿＿＿啊。

老　刘：这房子跟人＿＿＿＿啊，老了，你再修＿＿＿＿＿。不管怎么说，
　　　　这也是＿＿＿＿＿的地方。哎！快快快，回去＿＿＿＿，回头
　　　　＿＿＿＿了。你看你！

大　明：您慢点！

老　刘：行，没事儿。

二　表达练习　Let's talk

1. 看电影片段，扮演大明。

2. 看电影片段，扮演老刘。

三　讨论　Discussion

1. 看电影片段。听大明说要帮他盯澡堂子，老刘的表现怎么样？为什么？

2. 看电影片段。你觉得大明熟悉澡堂工作吗？为什么？

老刘去世
Lao Liu Passed Away

生词　New words and expressions

1	歇	xiē	（动）	to take a rest
2	身子骨儿	shēnzigǔr	（名）	(coll.) one's health, body
3	心理	xīnlǐ	（名）	psychology, mentality, mental
4	碍事儿	ài shìr		to be a hindrance; (used in the negative) to be of consequence
5	上台	shàng tái		to mount the platform
6	气话	qìhuà	（名）	words said in a fit of rage
7	甭	béng	（副）	(dialect) don't need to
8	搓背	cuō bèi		to give or get a rubdown with damp towel

语言讲解　Notes on language points

1 一个字都唱不出来

"一……都/也＋不/没……"表示"完全不……"、"完全没有……"，强调否定。例如：

The structure "一……都/也＋不/没……" emphasizes absolute negation. For example：

我今天去逛街，一分钱也没花。

他回国后一天也没休息就上班了。

这篇文章写得很好，一点儿毛病都找不出来。

上海我一次也没去过。

2 你甭往心里去

"往心里去"表示"介意",把让人不高兴的事情记在心里。一般用于否定句,前面要加"别、甭、不、没"等否定词,表示不介意。例如:

"往心里去" means keeping in mind unhappy incidents. It often appears in negative sentences with "别", "甭", "不", or "没" preceding it. For example:

> 他那句话不是说你的,你别往心里去。

> 他这个人心很宽,什么事都不往心里去,也就没什么烦恼。

> 你放心,这件事我一点儿都没往心里去。

视听说练习 Exercises based on the video

看第一遍,做练习
Watch the video for the first time and do exercises

判断对错 True or false

1. 父子三人一起跑步。 ( )
2. 二明在台上很紧张,一个字都唱不出来。 ( )
3. 老刘不让大明回深圳。 ( )
4. 大明给老刘搓了一次背。 ( )
5. 大明接电话的时候,老刘去世了。 ( )

看第二遍,做练习
Watch the video for the second time and do exercises

选择与画线部分意思最接近的词语

Choose the answer that best reflects the meaning of the underlined words

1. 这身子骨儿不行啊,还得锻炼啊。

   A. 身材不好　　　　B. 身体不好　　　C. 体重太重

2. 大夫说,他心理碍事儿。

   A. 他心理有问题　　B. 他有心脏病　　　C. 他心情不太好

3. 我那天说的气话,你甭往心里去。

   A. 不是真心的话　　B. 生气时说的话　　C. 不想说出的实话

4．我那天说的气话，你甭往心里去。

    A．别在心里想   B．别把它忘了   C．别放在心上

5．您等等，我去去就来啊。

    A．走了，以后再来   B．去一下，马上回来   C．走了，过一会儿再来

二 回答问题   Answer the following questions

1．老刘觉得大明的身体怎么样？

2．台上的年轻人为什么不能唱歌？

3．大明说，他回深圳后会怎么做？

4．老刘还在生大明的气吗？他是怎么说的？

5．老刘让大明把谁带回来看看？

6．大明为什么要给老刘搓背？

看第三遍，做练习
Watch the video for the third time and do exercises

一 填空   Fill in the blanks

老 刘：累了吧，来，____会儿。这_____不行啊！还得_____，啊。
苗壮这孩子，大夫说，他心理_____，一上台就_____，
一个字都唱不出来。

大 明：我以后一定_____看您。

老 刘：没事儿，我那天说的_____，你_____。真的，我跟二
明是挺好的。你该_____，你还忙去。想着把她也_____
见见。

大 明：哎。

二 表达练习   Let's talk

1．假设你是大明，给爱人打电话说一下父亲去世的过程。

    "那天晚上，我和爸爸、二明一起去跑步，……"

2．结合前面的三段，说一说大明和老刘的关系是怎么变化的。

5 最后的澡堂子

The Final Days of the Bathhouse

生词 New words and expressions

1	反正	fǎnzhèng	（副）	anyway, in any case
2	分	fēn	（动）	to allot, to allocate
3	想开	xiǎng kāi		to take things easy, not to take things to heart
4	地气	dìqì	（名）	ground vapor
5	怎么着	zěnmezhe	（代）	*used to inquire about action or state*
6	一眨眼	yì zhǎ yǎn		instant, twinkling of an eye
7	膈儿	gěr	（动）	(coll.) to die
8	与其	yǔqí	（连）	rather than, better than
9	小区	xiǎoqū	（名）	residential area, residential district
10	热水器	rèshuǐqì	（名）	water heater
11	装修	zhuāngxiū	（动）	to fit up (a house, etc.)
12	鸳鸯浴	yuānyāngyù	（名）	love bath
13	淋	lín	（动）	to pour, to drench, to spray, to drizzle
14	大伙儿	dàhuǒr	（名）	(coll.) we all, you all, everybody

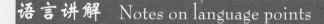

语言讲解 Notes on language points

1　反正我也想开了

"反正"有两种意思。

"反正" has two meanings.

（1）强调在任何情况下结论或结果都不会改变，例如：

It is used to stress that the conclusion or result will not change under any circumstances, for example:

不管你说什么，反正我就是不相信。

作业交不交都没关系，反正老师没有时间看。

（2）指明情况或原因，例如：

It is used to indicate a situation or reason, for example:

反正路不远，我们就走着去吧。

反正你晚上不回来了，就让他在你的床上睡一晚上吧。

2　我也想开了

"想开"，意思是不把让人不高兴的事情放在心上。常常与"得"或"不"连用。例如：

"想开" means not keeping unhappy incidents in mind and it is often used together with "得" or "不". For example:

车虽然撞坏了，好在人没事儿，想开点儿。

小王挺想得开，每月工资全都花完，从来不考虑买房子的事儿。

没考上好大学，他一直有点儿想不开。

3　您猜怎么着

常用于口语。有三个意思。

As a colloquial expression, it has three meanings.

（1）相当于"怎么"，例如：

Equivalent to "怎么", for example:

老哥俩这是怎么着了？

（2）相当于"怎么样"，例如：

Equivalent to "怎么样", for example:

我看了一眼，您猜怎么着？它们全都死了！

她不敢把我怎么着。

（3）相当于"怎么做"，例如：

Equivalent to "怎么做", for example:

我没钱了，不卖房子，我能怎么着？

你已经结婚了，不能像以前那样，想怎么着就怎么着。

4 与其这样，那还不如全都把它放了

"与其……不如……"表示说话人通过对两件事情的比较，不选择前者，而是选择了后者。例如：

"与其……不如……" introduces two choices. The speaker chooses the latter instead of the former after comparison. For example:

这次出差，与其让小王去，不如让小李去。

我觉得与其买这么贵的衣服，不如多买几件便宜衣服。

5 玩呀，我倒不担心

"倒"表示对上文有转折，后边常有表示积极意义的句子。例如：

"倒" expresses a transition of the meaning, which is often followed by a sentence with a positive meaning. For example:

A：这份活儿又苦又累，你干得了吗？

B：苦点儿累点儿我倒不怕，只要钱多就行。

这房子看起来不大，进来一看，房间倒不算小。

6 连个澡堂子也没有

"连……也/都"指出一个极端的情况，表明同类事情更是这样，没有例外。有四种搭配情况。

The structure "连……也/都" highlights an extreme example of all things of the same type to indicate that, if the extreme example leads to a certain conclusion, all other things will be no exceptions. There are four kinds of collocations.

（1）连＋名词/代词，例如：

连＋pronoun or noun, for example:

连孩子都知道这个故事，难道你没有听说过？

连你都认不出他了，别说我了。

（2）连＋动词，例如：

连＋verb, for example:

他太累了，连看电影都没有兴趣了。

他连杀人都敢，别说偷东西了。

（3）连＋数量词，用于否定句，数词只能是"一"，例如：

连＋numeral-classifier phrase, it is often used in negative sentences and the numeral can only be "一", for example:

这个月太忙了，我连一天都没有休息。

他家我连一次都没有去过。

（4）连＋小句，例如：

连＋clause, for example:

我连他叫什么名字都忘了。

十年过去了，他连你跟他打招呼都能回忆起来。

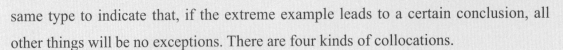
视听说练习　Exercises based on the video

看第一遍，做练习
Watch the video for the first time and do exercises

判断对错　True or false

1. 大家都分到了新房子。　　　　　　　　　　　（　）
2. 有了新房子，大家都很高兴。　　　　　　　　（　）
3. 老人们搬家后还要继续养蛐蛐儿。　　　　　　（　）
4. 新小区没有澡堂子。　　　　　　　　　　　　（　）
5. 人们都希望能在家里洗澡。　　　　　　　　　（　）

看第二遍，做练习
Watch the video for the second time and do exercises

一 选择与画线部分意思最接近的词语

Choose the answer that best reflects the meaning of the underlined words

1. 我想开了，搬了家我就不养蛐蛐儿了。

   A. 我不坚持过去的想法了

   B. 我要公开我的想法

   C. 我的思想开放了

2. 好几十只蛐蛐儿，一眨眼的工夫，全膈儿啦。

   A. 一天一夜的时间

   B. 很短的时间

   C. 睡一觉的时间

3. 我头一回听说这种事。

   A. 我回过头去听这种事

   B. 听见这种事我摇摇头

   C. 我第一次听说这种事

4. 往后啊，也没什么好玩的啦。

   A. 从今以后　　　　B. 回忆过去　　　　C. 向后退步

5. 明儿个在家里头就能洗鸳鸯浴啦。

   A. 在两个浴室同时洗澡

   B. 同时用冷水热水洗澡

   C. 夫妻两人在一起洗澡

二 回答问题　**Answer the following questions**

1. 老林和老吴以后很难再在一起玩了，为什么？

2. 老林朋友养的蛐蛐儿为什么都死了？

3. 搬进新小区之后，老林最担心什么？

4. 老林担心的事儿，张金浩担心不担心？

5. 老林为什么喜欢在澡堂洗澡？

6. 老吴为什么喜欢在澡堂洗澡？

看第三遍，做练习
Watch the video for the third time and do exercises

一 表达练习   Let's talk

1. 假设你是老林，说说你搬家后会怎样处理你养的蛐蛐儿，为什么？

   "过不了多久，我就要搬进新小区了，……"

2. 假设你是澡堂中的一位老人，说说你是愿意在家洗澡还是在澡堂洗澡，为什么？

   "我在澡堂子洗了一辈子的澡，……"

6 兄弟情深
Brotherhood

生词 New words and expressions

1	总	zǒng	（副）	anyway, after all, sooner or later
2	拆	chāi	（动）	to pull down, to demolish
3	面对	miànduì	（动）	to face, to confront
4	现实	xiànshí	（名）	reality, fact
5	自私	zìsī	（形）	selfish
6	甚至	shènzhì	（连）	even
7	嫂子	sǎozi	（名）	sister-in-law; *a polite address for a married woman about one's own age*
8	隐瞒	yǐnmán	（动）	to conceal, to hide truth from

语言讲解 Notes on language points

我很自私，甚至对你嫂子一直隐瞒你的情况

"甚至"的作用是强调、突出。常与"也、都、还"配合使用或与"连"连用。例如：

"甚至" is used to make an emphasis. It is usually accompanied with "也", "都", or "还", or used together with "连". For example:

他做作业太慢了，有时候一道题甚至要花一两个小时。

这个箱子太重了，甚至三四个人都搬不动。

你这么不讲道理，甚至连三岁的孩子也不如。

连接几个并列词语，"甚至"后面是最突出的情况。例如：

When connecting coordinate phrases, "甚至" is followed by the most outstanding item. For example:

　　书架上、桌子上、床上，甚至卫生间里，到处都是他的书。

连接小句时，常与"不但"连用。例如：

When used to connect clauses, it is often used together with "不但". For example:

　　我们这里，不但大人，甚至六七岁的孩子都会游泳。

视听说练习　Exercises based on the video

看第一遍，做练习
Watch the video for the first time and do exercises

填空　Fill in the blanks

　　我知道你不想离开这儿，可这澡堂子＿＿＿＿拆的。就像爸爸要我们一样。你必须面对这个＿＿＿＿，我也得＿＿＿＿。我很＿＿＿＿，甚至对你嫂子一直＿＿＿＿你的情况。我现在不知道她是怎么想的，不过，＿＿＿，我们今后一定会在一起的。这是＿＿＿＿。我想爸爸知道了，也会高兴的。

看第二遍，做练习
Watch the video for the second time and do exercises

表达练习　Let's talk

复述这段话（可以用自己的话）。

综合练习
Comprehensive Exercises

一 把所给词语放在合适的位置
Put the given words in proper places

1. 这A是我头一B在北京C看D电影。 （回）

2. 现在A已经B是夏天了，C下起D雪来。 （居然）

3. 他跑得A太快，一下子停不B，差点儿撞到C我D。 （住）

4. 你A不要一天到晚B看电视C，D该看看书了。 （老）

5. 你A一会儿说B要来，一会儿又说C不来，你D来不来？ （到底）

6. 作业A写不写B没关系，C我都会了D。 （反正）

7. 肚子太疼A了，我觉得这次B只C吃药可能顶不D了。 （过去）

8. 他决定了A的事，谁说B也没用，C我能D啊！ （怎么着）

9. 学校附近A新开了一家饭馆，B不太大，C饭菜的味道D是挺好的。 （倒）

10. 这件事我A谁也没告诉B，C我的妈妈也不知道D。 （甚至）

二 选择正确答案 Multiple choices

1. 我的钱包不见了，找了半天也没找_____。

   A. 了   B. 着   C. 过

2. 你这是第一次来北京，饭菜都吃_____吗？

   A. 得了   B. 得慌   C. 得惯

3. 我今天一天都没吃东西，现在肚子饿_____。

   A. 得了   B. 得慌   C. 得惯

4. 在讨论会上，他提出了一个问题，_____连专家都回答不了。

   A. 到底   B. 当心   C. 甚至

5. 听见后面有人叫我的名字，我马上站＿＿＿＿＿＿，回头一看，原来是好几年没见的老同学。

    A. 到   B. 过去   C. 住

6. 里面正在开会，＿＿＿＿＿＿＿是谁＿＿＿＿＿＿＿不能进去。

    A. 不管……都   B. 连……都   C. 既然……就

7. 我觉得＿＿＿＿＿＿＿靠别人的帮助，＿＿＿＿＿＿＿靠自己的努力。

    A. 与其……不如   B. 不管……都   C. 既然……就

8. ＿＿＿＿＿＿＿你不懂，＿＿＿＿＿＿＿别乱说话。

    A. 不管……也   B. 连……都   C. 既然……就

9. ＿＿＿＿＿＿三岁的小孩子＿＿＿＿＿＿知道这个问题的答案。

    A. 不管……也   B. 连……都   C. 既然……就

10. 这个电影太好看了，＿＿＿＿＿＿人＿＿＿＿＿＿喜欢。

    A. 不管……也   B. 连……都   C. 没有……不

三 选择合适的词语填空　　Fill in the blanks with proper words

    干吗　知足　在乎　甚至　想开　往心里去

    偶尔　居然　改天　当心　倒　自私

1. 做你觉得应该做的事，别＿＿＿＿＿＿＿别人对你的看法。

2. 你＿＿＿＿＿＿＿总是抓着我的衣服？

3. 他这个人就是这样，说话不注意，你千万不要＿＿＿＿＿＿＿＿。

4. 跟父母相比，现在我能过上这样幸福的生活，已经很＿＿＿＿＿＿＿了。

5. 人一辈子总是会遇到一两件不如意的事，还是＿＿＿＿＿＿＿点儿吧！

6. 他刚走了几个月，＿＿＿＿＿＿＿把老朋友都忘了，太不应该了！

7. 今天的会就开到这儿吧，下面的问题咱们＿＿＿＿＿＿＿再讨论。

8. 他做任何事都只想着自己，太＿＿＿＿＿＿＿＿了。

9. 他最近忙极了，每天都工作到很晚，有时候＿＿＿＿＿＿＿一夜都不睡。

10. 毕业以后，我跟同学们不常联系，只是＿＿＿＿＿＿发个短信或者e-mail，问个好。

11. 房子虽然有点儿旧，收拾得_____挺干净的。

12. 马路上来往的车辆很多，过马路的时候要特别_____。

四 用所给词语完成句子

Complete the following sentences with the given words

1. A：我的自行车被小偷偷走了，真让人生气！

   B：_____。 （既然……就）

2. A：听说这个作家在你的国家特别有名。

   B：没错，_____。 （连……也……）

3. A：昨晚你跟朋友出去又喝酒了吧？

   B：没有，我要开车，_____。 （一……也/都……）

4. A：明天是王红的生日，咱们送她一个生日蛋糕吧。

   B：她正减肥呢，_____。 （与其……不如……）

5. A：听说你很喜欢成龙（Jackie Chan）的电影？

   B：是啊，_____。 （没有……不/没……）

6. A：如果明天天气不好，咱们是不是要改变一下计划？

   B：不行，_____。 （不管……都……）

7. A：_____？ （到底）

   B：我还没决定呢。

8. A：下学期才考试呢，别复习了，咱们找几个人一起去看电影吧。

   B：_____。 （反正）

8 《洗澡》学习文本
Annotated Text of *SHOWER*

1 吹 chuī (动)
to boast, to brag

2 光 guāng (副)
only, merely

3 值 zhí (动)
to be worth

4 老爷子 lǎoyézi (名)
a respectful address for an aged man

5 节奏 jiézòu (名)
rhythm, beat

6 闲 xián (形)
leisure, spare or free (time)

7 跟 gēn (介)
(dialect) at, in, with

8 泡 pào (动)
to steep, to soak

9 瞅 chǒu (动)
to take a look at

10 快餐 kuàicān (名)
quick meal, snack, fast food

11 火 huǒ (形)
prosperous, thriving, flourishing

12 图 tú (动)
to pursue, to seek, to desire

13 发 fā (动)
to get rich, to make a fortune

14 瞎 xiā (形)
aimlessly, groundlessly, foolishly

15 侃 kǎn (动)
to chat idle, to tattle

16 霓虹灯 níhóngdēng (名)
neon, neon light

17 绝对 juéduì (副)
absolutely

18 到底 dàodǐ (动)
to the end, to the finish

▶ 澡堂里

何　正：真的，哎，您说我这主意怎么样？这不是吹呀，就光这主意，值100万。你呀，您也不信，跟您说老爷子，现在的生活节奏这么快，谁有那么多闲工夫老跟您这儿泡啊？您瞅外面那快餐店，开一个火一个。为什么呀？快呀，图的就是一个快呀。真的，谁要听了我的主意，肯定发。

老　刘：你别在我这儿瞎侃了。你有那工夫，你把我那霓虹灯给我修一修。

何　正：跟您说了嘛，绝对负责到底，啊老爷子。

老 刘：仨月了，你还要拖到什么时候？

何 正：您不知道，现在它那材料费又涨了。不是我不仗义，老爷子，您可能多少还得加点儿钱。

老 刘：你给我躺下。

▶ 澡堂里

老 林：我跟你说哎，我说，你那大腿都快掉啦！

老 吴：哎，它跑哪儿去了？哪去了？哎，别动啦，别动啦，别动啦！哪儿去了呢？跑哪儿去了？那儿，哦，没有啊，这儿。

▶ 大明进澡堂门

二 明：哥！

大 明：爸呢？

▶ 澡堂里

二 明：爸！

大 明：爸。

老 刘：噢。

▶ 家里

二 明：喂！二明！二明！

大 明：二明，你这画什么意思？

二 明：爸睡觉，我。

大 明：你干吗寄给我？

1 仨 sā（数）
(coll.) three

2 拖 tuō（动）
to delay

3 材料 cáiliào（名）
material

4 涨 zhǎng（动）
to rise (in price)

5 仗义 zhàngyi（形）
loyal (to one's friend)

6 大腿 dàtuǐ（名）
thigh

7 干吗 gànmá（代）
What are you doing?
What's up?

1 服 fú（动）
to submit (oneself) to,
to be convinced

2 明儿（个）míngr(ge)（名）
(coll.) tomorrow

3 不信邪 bú xìn xié
not to believe in heresy
or fallacy

4 慢走 màn zǒu
(at parting) goodbye,
to take care

5 没错儿 méi cuòr
surely, certainly

6 出差 chū chāi
to be on a business trip

7 惯 guàn（动）
to be used to

8 偶尔 ǒu'ěr（副）
once in a while, occasionally

9 酱 jiàng（名）
thick sauce made from
soya beans, flour, etc.

二　明：想你了。

大　明：吓我一跳，我还以为爸……

▶ 澡堂外

老　林：怎么样，服不服？不服明儿再来。

老　吴：来就来！我还不信这个邪。明天哪，我带青嘴大来。

老　林：行！我说，慢走您哪。

老　吴：哎，没错儿。

▶ 饭桌上

老　刘：出差啊？

大　明：嗯，啊不，回来看看。

老　刘：还吃得惯吧？

大　明：还好，挺香的。

老　刘：不常吃吧，那边？

大　明：偶尔也吃，不过没这么好的酱。您身体还好吧？

老　刘：嗯，还好。能吃能睡，能干活儿。

二　明：我寄的。

（画外音）刘师傅！刘师傅！

老　刘：你能回来看弟弟，我挺高兴。

● 来就来

"A就A（吧）"，表示"接受或容忍某事"，例如：

The structure "A就A（吧）" expresses a reluctant acceptance or endurance of something, for example:

去就去，怕什么，输了也没关系。

这件衣服大点儿就大点儿，别去换了。

▶澡堂里

老　刘：没事儿，没事儿，放松。你别，别
　　　　较劲啊。

张金浩：哎哟！

老　刘：来来来，你再试试。

张金浩：嘿，好像没事儿了，哎。

老　刘：嘿，我说你们俩呀，一天不掐就闷
　　　　得慌，是不是？

张金浩：嗨，没法弄。您说我这让她一回吧，
　　　　真下毒手啊。
　　　　哟，这不是大明吗？哎，什么时候回
　　　　来的？

大　明：今儿刚到。

张金浩：咱俩可有好几年没见了吧？怎么回
　　　　来啦？

大　明：回来看看。

张金浩：那什么，我就不跟这儿打搅你们了，
　　　　咱们改天再聊。刘师傅，谢谢您了
　　　　啊。走了啊。

老　刘：走，换衣裳去。

▶家里

大　明：(打电话) 喂，是我。没什么事儿，挺
　　　　好的。是我误会了。过两天我就回去
　　　　啊。嗯，好，再见！

1	放松 fàngsōng（动）	to relax, to slacken, to loosen
2	较劲 jiàojìn（动）	to match one's strength with
3	哎哟 āiyō（叹）	*used to expressing astonishment or pain*
4	掐 qiā（动）	(coll.) to quarrel, to fight
5	闷 mèn（形）	bored, depressed
6	得慌 de huang	to a certain degree
7	没法弄 méi fǎ nòng	can do nothing about it
8	让 ràng（动）	to give way, to give in, to yield
9	回 huí（量）	*number of times*
10	下毒手 xià dúshǒu	to strike a vicious blow
11	今儿(个) jínr (ge)（名）	(coll.) today
12	打搅 dǎjiǎo（动）	to disturb, to trouble
13	改天 gǎitiān（副）	another day, some other day
14	衣裳 yīshang（名）	clothing, clothes, vesture
15	误会 wùhuì（动）	to misunderstand

▶胡同里

二　明：比不比？

老　刘：比！

老　刘：一、二——

二　明：三！

老　刘：哎呀，二明，你快，你看这儿……
　　　　我赢了！

二　明：不算！

老　刘：走，走！

▶澡堂里

老　刘：你就这么洗了？

大　明：啊。

老　刘：要不要我给你放点水，泡一泡？

大　明：不用了，在南方淋浴习惯了。

1　淋浴 línyù（动）
　　to take a shower
2　怎么着 zěnmezhe（代）
　　used to inquire about action
　　or state
3　舒坦 shūtan（形）
　　comfortable, at ease
4　得 dé（动）
　　alright, well

▶第二天早上，澡堂里

二　明：客人好！

张金浩：好，好，好，好！

　　　　哟，怎么着，泡舒坦了您？再泡会儿
　　　　啊？那我先进去了啊。

　　　　哎哟，老几位，这就掐上了啊？得，

◯ 掐上了

　这里的"上"表示动作开始，后面一般要加"了"，例如：

Here "上" indicates the beginning of an action and is usually followed by "了", for example:

　　他太饿了，没等爱人回家，就自己吃上了。

　　他刚看完电视，又玩上了电脑游戏。

分出公母告诉我一声。

澡　客：师傅，搓澡哎！

老　刘：哎，好，就来啦。

老　林：你耍赖，不算。

老　吴：怎么不算哪？赢了就是赢了。

老　林：你说，你说，你喂它什么了？

老　吴：我什么也没喂啊。

老　林：你坦白交代，你是不是喂它蚂蚁卵了？

老　吴：没有，没有！

老　林：没有？

老　吴：嗯。

老　林：没有它能那么厉害？你当我不清楚你那只青嘴大什么德行？

老　吴：那是我调教得好。

1	公　gōng（形）	male (animal)
2	母　mǔ（形）	female (animal)
3	搓澡　cuō zǎo	to give sb. a rubdown with a damp towel
4	耍赖　shuǎlài（动）	to act in a brazen manner
5	坦白　tǎnbái（动）	to confess, to own up to (one's mistake or crime)
6	交代　jiāodài（动）	to make a clear, brief account for
7	蚂蚁　mǎyǐ（名）	ant
8	卵　luǎn（名）	ovum, egg, spawn
9	德行　déxing（名）	(dialect) (disgusting, shameful) appearance
10	调教　tiáojiào（动）	to feed and train (domestic animals)

⬤ 赢了就是赢了

"A就是A"，强调某个事实，例如：

The structure "A就是A" is used to emphasize a certain fact, for example:

老师就是老师，一说我就懂了。

不会做就是不会做，没有什么不好意思的。

⬤ 你当我不清楚你那只青嘴大什么德行

"德行"（déxing），口语，是讽刺人的话，表示看不起某人的仪容、举止、行为、作风等，例如：

"德行"(déxing), a colloquial expression, is used to ridicule sb.'s appearance, behavior, conduct, manner, etc., for example:

瞧他那德行，见到漂亮女人就走不开了。

有钱就了不起啊，什么德行！

1 呸 pēi （叹）
(expressing disdain, annoyance or disapproval) boo

2 害臊 hàisào （形）
to feel ashamed, to be bashful

3 服 fú （动）
to take (medicine)

4 兴奋剂 xīngfènjì （名）
anti-depressant, excitant

5 停赛 tíng sài
to suspend (from the match)

6 往后 wǎnghòu （名）
from now on, later on

7 合着 hézhe （副）
(dialect) it turns out

8 缺少 quēshǎo （动）
to lack, to be short of

9 道德 dàodé （名）
morality, morals

10 界线 jièxiàn （名）
boundary line, dividing line

11 从今以后 cóng jīn yǐhòu
from now on

12 拉倒 lādǎo （动）
(dialect) to forget about it,
to leave it at that

13 得胜 dé shèng
to win a victory

14 可惜 kěxī （形）
what a pity, it's too bad

15 把 bǎ （量）
a classifier for certain
abstract things

16 岁数 suìshu （名）
age, years

17 没羞没臊 méi xiū méi sào
shameless, to have no sense
of shame

老 林：呸，不害臊！服兴奋剂，懂吗？那要是游泳运动员哪，那得停赛4年。您哪，也得停赛1年，哼！

老 吴：哼，只许你赢，不许别人赢，哪有那个事儿啊？我告诉你，你怕输啊，往后就别玩儿！

老 林：呵呵！合着我输不起呀？哼！跟你这种缺少体育道德的人哪，就得划清界线！我告诉你，从今以后，我还就不跟你玩了。

老 吴：不玩拉倒！咱们自己玩儿。来，咱们洗个得胜澡。

老 林：哎，我说，可惜了你这把岁数。你怎么没羞没臊啊你？！

老 刘：哎哟，老哥俩怎么着了这是？

老 林：我告诉你，我平常怎么让着你的？

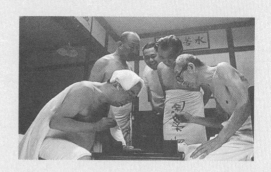

● 合着我输不起呀

"V不起"表示超出了某人的能力，"V得起"表示在某人的能力之内。例如：

"V不起" indicates that it's beyond one's power to do something, and "V得起", within one's power. For example:

这是我最后一次机会了，我再也输不起了。

工作了两年，我也坐得起飞机了。

你别蹬着鼻子上脸!

老 刘:来来来。

老 林:你瞧瞧你那份德行!你干什么呀你!
我算服你了。

▶ 澡堂门口

大 明:哟,又来洗澡?

何 正:找你来啦!

大 明:有事啊?

何 正:昨儿个没逮着空儿说话。趁你回来,咱
得聊聊啊!

大 明:行啊!

▶ 洗车处,车里

何 正:我呀,琢磨了一下儿,大明,甭多

1 蹬 dēng (动)
  to press down with the foot
2 昨儿(个) zuór(ge) (名)
  (coll.) yesterday
3 逮空儿 dēi kòngr
  (dialect) to find time,
  to make the best use of time
4 琢磨 zuómo (动)
  to ponder, to think over
5 甭 béng (副)
  need not, no need to

● 蹬鼻子上脸

口语。字面义为"踩着鼻子爬到脸上",比喻一个人的行为越来越过分,让人不能
接受。例如:

"蹬鼻子上脸", a colloquial expression literally meaning "(a person) treads on your nose
to get to your cheeks", draws an analogy with a person's behavior which is getting farther and
farther beyond the limit for you to tolerate. For example:

他一直让着你,你还蹬鼻子上脸,我看不惯!

你不能什么都听她的,她会蹬着鼻子上脸,要求越来越多的。

1 奔 bèn （动）
to go straight to, to head for

2 扎 zhā （动）
(coll.) to go to

3 热狗 règǒu （名）
hot dog

4 饮料 yǐnliào （名）
beverage, drink, potation

5 个儿 gèr （名）
size, height, stature

6 吉祥物 jíxiángwù （名）
mascot

7 苦于 kǔyú （动）
to be afflicted (by a
disadvantage)

8 资金 zījīn （名）
fund, capital, funding

9 投资 tóuzī （名）
investment

10 有的是 yǒu de shì
there's no lack of

11 挣 zhèng （动）
to earn, to make (money)

12 总 zǒng （副）
anyway, after all, sooner
or later

13 单子 dānzi （名）
list (of items), bill, form

了，我今年就来他50辆快餐车，哪儿热闹奔哪儿扎，一个热狗、一杯饮料，这算一份儿，卖得不贵，十块钱，买的人肯定多呀。我想了想，这一年下来，一个车是五万来块钱，五十个车呢，也小三百万哪，对不对？名儿我都想好了，就叫何大狗。每个车上，我给他来一那么大个儿一吉祥物，你看这主意怎么样？

大　明：挺好啊。

何　正：现在就是苦于没资金哪！哎，只要是有投资，我这儿主意有的是，干哪个都能挣钱。对了，老爷子呀，前些日子让着帮修那霓虹灯，钱又涨了，总得加点儿，一共一千二，这是单子。

▶ 澡堂里

老　刘：四一、四二、四三、四四、四五、四六、四七、四八、四九。差两秒。来，来来。

● 哪儿热闹奔哪儿扎

"哪儿……哪儿……"，前后两个"哪儿"相互呼应，指的是同一个地方，表示条件关系。例如：

The two "哪儿" in the structure "哪儿……哪儿……" denote an identical place, with the former (which means "wherever") serving as the condition for the latter, for example:

哪儿有水，哪儿就有生命。

哪儿需要我，我就到哪儿去。

大　明：何正让我给您个单子，说修理霓虹灯
　　　　还要一千二百块钱。

老　刘：这小兔崽子，活儿不好好干，他光想
　　　　蒙钱。

1　兔崽子　tùzǎizi（名）
　　(offensive) brat, bastard

2　蒙　mēng（动）
　　to cheat, to deceive

二　明：比！

老　刘：比！一、二——

二　明：三！

大　明：那，明天我想把回去的票买了。

二　明：我赢了，我赢了！

▶ 胡同里

王　芳：哟！

张金浩：回来啦！

大　明：哎！出去呀？

张金浩：看电影儿。

3　回见　huíjiàn（动）
　　See you later.

王　芳：回见啊！

大　明：哎！

▶ 家里

大　明：怎么样？把头靠上啊！

二　明：爸！爸！爸！

大　明：你喊什么呀！爸，这是我给您买的。
　　　　爸，您来试试。二明，你起来让爸
　　　　试。您来。

老　刘：哎！

大　明：爸，您头向后靠，按摩后背。

老　刘：噢！

大　明：这是遥控器，这是开，这是关。

4　按摩　ànmó（动）
　　to massage

5　后背　hòubèi（名）
　　back

6　遥控器　yáokòngqì（名）
　　remote control

老　刘：哎，挺舒服的。

二　明：舒服。

老　刘：哎哟，谢谢你啊！

大　明：爸，那我现在去买票了。

老　刘：啊？你？

噢！对、对对对！你快去吧！

二　明：我也去！

老　刘：去吧！

大　明：走，二明！

▶ 大街上

大　明：走吧，二明！走吧！二明！二明！行了，
行了，行了，二明！

管理员：哎！哎！干吗呢？干吗呢？

大　明：哟！二明！

管理员：这不让！

大　明：对不起，对不起呀！大妈，对不起！

管理员：这不让！这不让！下去！下去！下去！

▶ 售票厅

售票员：只有明天上午十点十分的。

大　明：好，可以。

1 对座单 duìzuòdān（名）
　confirmation slip

2 核对 héduì（动）
　to examine and check,
　to check up

售票员：您填一下对座单。请您核对一下姓名。

大　明：好！

▶ 大街上

大　明：（打电话）还没有回去吗？那好，
那我再去找，哎！

▶ 晚上，澡堂里

张金浩：哎，怎么样了？找着没有啊？

大　明：没有。

老　林：报警了没有？

大　明：报了。

老　林：老刘，报警了就行了，啊。

老　吴：哎，老刘，你不用太着急了，就踏踏
　　　　实实地等着吧。

老　林：来，喝口水，别老这样！哎，老刘，
　　　　上哪儿去呀？

张金浩：快跟着去看看呀！

▶ 胡同里

老　刘：你跟着我干什么？

大　明：您上哪儿去啊？

老　刘：上哪儿去？我找人！

大　明：那我跟您一块儿去找。

老　刘：用不着你，你走吧！你回你的深圳去
　　　　吧！一个大活人，居然就给丢了。
　　　　你既然看不住他，你就别带他出来
　　　　呀！你心里头根本就没有二明啊！
　　　　你回来干什么啊？你回来到底干什
　　　　么啊？

大　明：我回来看您和二明。

老　刘：你是看我是不是真死了！我知道，
　　　　你看不起澡堂子，你看不起我，
　　　　我不在乎。我搓了一辈子澡，我

1　报警　bào jǐng
　　to report an emergency
　　to the police

2　踏实　tāshi　（形）
　　with peace of mind,
　　free from anxiety

3　居然　jūrán　（副）
　　unexpectedly, to one's
　　surprise, to go so far as to

4　看　kān　（动）
　　to look after, to keep
　　watch over

5　里头　lǐtou　（名）
　　inside, interior, in

6　到底　dàodǐ　（副）
　　used in an interrogative
　　sentence for emphasis

7　澡堂（子）zǎotángzi　（名）
　　public baths, bathhouse

8　在乎　zàihu　（动）
　　(often used in the negative)
　　to care about, to mind

9　一辈子　yíbèizi　（名）
　　all one's life, a lifetime,
　　throughout one's life

1　知足　zhīzú（动）
　　to be content with what
　　one has

2　认了　rèn le
　　to resign oneself to a loss,
　　to accept as unavoidable

看那些老客人，我知足了！你要干大事，你要挣大钱，你，你，你去干去呀！我们俩过得好好儿的，你说你回来干什么？我，我丢一个儿子，我认了！我不能都丢了，我！

▶ 第二天早上，澡堂里

老　吴：他上哪儿去了？

老　刘：嗨！谁知道啊！弄得一身哪，可脏了！

老　吴：行了！这回他有认道的本事了，往后啊，还丢不了了。

3　认道　rèn dào
　　to know the way

4　本事　běnshi（名）
　　ability, skill

5　操心　cāo xīn
　　to worry about

6　可不（是）　kěbú(shì)
　　(used to express agreement)
　　right, exactly

老　刘：多少年哪，头一回出这事儿！孩子大了，往后这操心的事儿就越来越多了。

老　吴：可不是！

▶ 早晨，雷雨过后，澡堂房顶上

大　明：跟我小时候一样，一点儿都没变。

老　刘：旧多了！一下雨啊，没几家不漏的。

大　明：那应该好好修修啊。

7　漏　lòu（动）
　　to trickle, to leak, to seep

8　不管　bùguǎn（连）
　　no matter (what, how, etc.)

9　回头　huítóu（副）
　　later

10　冻　dòng（动）
　　to freeze, to feel very cold

老　刘：这房子跟人一样啊，老了，你再修也就这样。不管怎么说，这也是住了一辈子的地方。哎！快快快，回去换件衣裳，回头冻着了。你看你！

大　明：您慢点。

老　刘：行，没事儿。

► 澡堂里

服务员甲： 师傅！

服务员甲、乙： 师傅！师傅！师傅！

► 家里

大　明： 爸，药熬好了。

老　刘： 哎，哎呀。

大　明： 您还是去医院看看吧。

老　刘： 不用，没事儿。就着点儿凉，吃点儿药就顶过去了。

大　明： 那今儿还开业吗？

老　刘： 开呀，开，我马上就过去。

大　明： 爸，您还是歇着吧，我和二明盯着就行了。

老　刘： 啊？

1　熬 áo （动）
　to cook into porridge or
　thick soup

2　着凉 zháo liáng
　to catch a cold

3　顶 dǐng （动）
　to cope with, to stand up to

4　开业 kāi yè
　to start business, to open
　a business

5　盯 dīng （动）
　to look after, to take care of,
　to tend

► 澡堂里

大　明： 哟，您来了！

老　林： 顶你爸爸班哪？

大　明： 没有，他有点儿不舒服。

老　林： 怎么了？

大　明： 昨晚不小心有点儿受凉了。

老　林： 哎哟，可得让他当心哪。这岁数不能病。

大　明： 哎。您还上您这儿。

客　人： 您来了。

6　顶班 dǐng bān
　to work as a temporary
　substitute, to take over
　sb.'s shift

7　受凉 shòu liáng
　to catch a cold

8　当心 dāngxīn （动）
　to be careful, to take care,
　to look out

张金浩：别唱了，唱什么唱？一天到晚，你烦不烦啊！这是公共场所，不是卡拉OK。要练歌啊回家练去！别跟这儿瞎吵吵！

二　明：干吗呀？干吗？干吗？

服务员：哎，张大哥，你快出去看看吧。你老婆又在外头骂上了。

张金浩：你让她骂，告诉她，我今儿个就不出去了。

1　一天到晚　yì tiān dào wǎn
　　from morning till night

2　烦　fán（形）
　　vexed, irritated, annoyed, upset

3　公共场所
　　gōnggòng chǎngsuǒ
　　public place

4　卡拉OK　kǎlā OK
　　karaoke

5　大哥　dàgē（名）
　　elder brother; *a polite address for a man about one's own age*

6　老婆　lǎopo（名）
　　wife

7　外头　wàitou（名）
　　outside, out, outdoors

8　他妈（的）　tā mā（de）
　　(offensive) damn it, to hell with it

9　辙儿　zhér（名）
　　(dialect) way, means, measure

10　提溜　dīliu（动）
　　(dialect) to carry

11　有种　yǒu zhǒng
　　to have guts, to be plucky

► 澡堂外

王　芳：你他妈也叫男人！你以为你躲在里头，我就拿你没辙儿了是不是？我他妈敢进去提溜你去，你信不信？

张金浩：我他妈今儿就不信了！有本事你进来啊！

王　芳：行，张金浩，算你有种！你有本事，你有本事待在里头一辈子别出来！

张金浩：我还就不出来了！

王　芳：你……

○ 唱什么唱

"V什么V"，意思是"不要V了"，表示说话人的不满。例如：

The structure "V什么V" is another way of saying "不要V了"(stop doing sth.), with a shade of dissatisfaction, for example:

笑什么笑？大家都严肃一点儿！

看什么看？都出去，让我一个人待一会儿。

▶ 二明从澡堂里伸出头来

王　芳：二明，过来，来。

▶ 澡堂里

张金浩：走啦？我谅她也不敢怎么着！衣服呢？
　　　　我衣服呢？嘿，谁拿我衣服了嘿？

二　明：我拿了。

张金浩：给我。

二　明：她拿走了。

张金浩：谁让你给她的？

二　明：她让我给她的。

张金浩：嘿！这娘儿们！回去我非、非抽她
　　　　不行！

1　谅　liàng（动）
　　I think, I suppose, I expect

2　娘儿们　niángrmen（名）
　　(dialect) women

3　非　fēi　（副）
　　have got to, simply must

4　抽　chōu（动）
　　to lash, to whip, to thrash

● 我谅她也不敢怎么着

　　"谅"的主语一般是"我"，宾语一般是否定结构，常与"也"搭配。表示很有把握地知道某人不会或不能做某事，常含有轻视之意。例如：

　　"谅" takes "我" as its subject in most of the cases and its object is usually a negative structure accompanied by "也". This construction indicates that the speaker knows for sure that someone will not or cannot do something, showing the speaker's contempt for the person. For example:

　　　　你放心，谅他也不敢到学校来找你打架。

　　　　你跟我比赛跑步？我让你先跑100米，谅你也赢不了我。

● 回去我非抽她不行

　　"非……不行"，也说"非……不可"，"非"后面跟动词，强调一定要做某事。例如：

　　The phrase "非……不行" or "非……不可", in which "非" is followed by a verb, is used to emphasize that someone will definitely do something. For example:

　　　　我把朋友的车撞坏了，他非生气不可。

　　　　寒假回家，我非好好儿玩玩儿不行。

二　明：抽她！

▶ 下班后，澡堂里

大　明：爸，喝碗姜汤吧，多发发汗。

老　刘：哎，好，哎呀！今天耽误你买飞机票了。

大　明：没事儿。

老　刘：我没事儿了，你该走就走啊，别耽误了工作，啊。

大　明：哎。

▶ 澡堂里

老　刘：你以后要是出去买菜呀，你少买点儿！你又提溜不动，你说这膀子它能不疼吗？

老　吴：嘿嘿，新近我进了两个黄麻头，不想开开眼？

老　林：哟，咱哪有那眼福啊？是吧？再说了，您那黄麻头，回头我这么一看，看在眼里头，拔不出来了，那怎么办？

老　吴：你不想看拉倒啊，也没人求着你看。还小肚鸡肠，还记仇儿呢。

▶ 澡堂门口

大　明：哟，今儿怎么有空儿啊？

何　正：忙里偷闲，松快松快。

大　明：三号。

1　姜　jiāng　（名）
　　ginger

2　发汗　fā hàn
　　(dialect) to induce
　　perspiration (as by drugs)

3　耽误　dānwu　（动）
　　to delay, to hold up

4　膀子　bǎngzi　（名）
　　upper arm, arm, wing

5　新近　xīnjìn　（副）
　　recently, lately

6　开眼　kāi yǎn
　　to see sth. for the first time

7　眼福　yǎnfú　（名）
　　the good fortune of seeing
　　sth. rare or beautiful

8　再说　zàishuō　（连）
　　what's more, furthermore,
　　besides

9　小肚鸡肠　xiǎo dù jī cháng
　　petty, narrow-minded

10　记仇　jì chóu
　　to bear grudges, to harbor
　　bitter resentment

11　忙里偷闲　máng li tōuxián
　　to snatch a little leisure from
　　a busy life

12　松快　sōngkuai　（动）
　　(dialect) to relax

何　正：我先泡着啊。

大　明：好，回头聊。

何　正：回头聊。

▶ 澡堂里

街道主任：这回可是动真格的啦！区里头都
　　　　　开了大会了，说了，十月底之前哪，
　　　　　全都得拆完了。您呢，作个思想准
　　　　　备。过两天呢，您也得开个会去！
　　　　　行，那您忙着吧。

老　刘：您走啦？

街道主任：我走了。

▶ 债主进澡堂找何正

大　明：哟，几位，洗澡啊？

债主甲：洗澡。

债主乙：不能啊，这小子车还在这儿呢。

债主甲：上厕所看看。
　　　　你以为你躲在这儿，我就找不着你
　　　　了，啊？

何　正：大哥！再宽限两天，大哥！

债主甲：你还别跟我来这套，今儿个咱们还得

1	动真格 dòng zhēngé to do sth. for real, to take sth. seriously
2	底 dǐ（名） end of a year or month
3	拆 chāi（动） to pull down, to demolish

| 4 | 小子 xiǎozi（名）
boy; chap, guy (for males) |
| 5 | 宽限 kuānxiàn（动）
to extend a time limit |

◉ 这回可是动真格的啦

"动真格的"，口语，意思是"真的做某事"，例如：

"动真格的"，a colloquial expression, means "do sth. for real", for example:

他们开始时是打着玩儿，谁知道后来就动了真格的了。

大家一定要认真对待这次检查，这次跟以前的不一样，是动真格的。

1 躲 duǒ （动）
 to hide

2 欠 qiàn （动）
 to owe (a debt)

3 管 guǎn （动）
 to bother about, to care about

4 责任 zérèn （名）
 duty, obligation

5 闹事儿 nào shìr
 to instigate a mass riot,
 to make trouble

6 没问题 méi wèntí
 no problem

7 好受 hǎoshòu （形）
 to feel good,
 to feel more comfortable

8 折腾 zhēteng （动）
 (dialect) to be busy,
 to bustle about

9 应急 yìng jí
 to meet an emergency,
 to meet an urgent need

10 成 chéng （动）
 OK, all right

说清楚，走！

何　正：不是，大哥，您再宽限……我不是躲您呢。您看我这怎么出去？大哥！您让我穿上衣裳，大哥！宽限两天，大哥！

债主甲：还宽限呢？

老　刘：哎，我说！慢着点嘿。我说三位，要干什么？

债主甲：没事儿，他欠我们钱。

老　刘：你们之间的事我不管，可他进了澡堂子就是我的客人，我有责任我照顾好他。三位要是在这儿洗澡啊，我欢迎！您要在这儿闹事儿，不行，您。

债主甲：您说得有道理，没问题，我们在外面等着他。小子，今儿个我要是见不着钱，就没你好受的。走！

▶ 澡堂里

老　刘：别瞎折腾啦，干点儿实在事。

大　明：这是两万，先拿去应急。

何　正：这多不好意思！

大　明：成了。

何　正：我有钱马上还。

大　明：别客气，快去吧。

何　正：谢谢，谢谢！

▶ 饭桌上

大　明：爸，听说要拆迁啊？

老　刘：嗯，对！说了好几年了，也不知是真是假。

大　明：要盖楼？

老　刘：嗯，听说是商业区。

大　明：那您以后怎么办？

老　刘：唉，走一步，算一步吧。

▶ 澡堂里

张金浩：这日子，没法过！成天跟你闹，实在是受不了了！这回呀，我真跟她离！

老　刘：你——

张金浩：刘师傅，没办法，还得麻烦您。我还得先借您这地方住几天。

老　刘：行行行！还是你那老地方。唉，我说，得，我拿瓶酒去，咱俩好好喝喝。

大　明：你跟嫂子到底为什么呀？

张金浩：不是怕你笑话，这事儿吧，它真张不

1　拆迁　chāiqiān（动）
　　to tear down old houses and resettle the inhabitants elsewhere

2　成天　chéngtiān（副）
　　all day long, all the time

3　离（婚）lí（hūn）（动）
　　to divorce

4　唉　āi（叹）
　　sigh of sadness or regret

5　嫂子　sǎozi（名）
　　sister-in-law; *a polite address for a married woman about one's own age*

● 走一步算一步

　　口语，也可以说"走一步是一步"，意思是"不知道以后的情况会怎么样，只能先把目前的事情做好"。例如：

The colloquial expression "走一步算一步", or "走一步是一步", means "we do not know what lies ahead of us, we can only do our best for what we have to do now ". For example:

　　　　以后会怎么样，我也不清楚，走一步算一步吧。

　　　　现在没有时间考虑那么多了，走一步算一步，遇到问题再想办法吧。

1 项链　xiàngliàn（名）
necklace, torque

2 光　guāng（形）
bare, naked

3 小偷　xiǎotōu（名）
petty thief, sneak, pilferer

4 把　bǎ（量）
a classifier for movement
of a hand

5 薅　hāo（动）
(dialect) to pull, to drag

6 撒腿　sā tuǐ
(dialect) to take to one's
heels, to go away at once

7 屁股　pìgu（名）
buttocks, backside

8 身子　shēnzi（名）
body, figure

9 狂奔　kuáng bēn
to run like mad

10 阵势　zhènshì（名）
scene, situation

11 跟头　gēntou（名）
fall, somersault

12 栽　zāi（动）
to tumble, to fall

13 牙子　yázi（名）
(dialect) serrated edge

14 人赃俱获　rén zāng jù huò
to be taken with the plunder

15 白话　báihua（动）
(dialect) to brag, to
chitchat, to gossip

16 如何　rúhé（代）
(lit.) how

17 勇　yǒng（形）
brave, valiant, courageous

18 斗　dòu（动）
to fight, to tussle

19 照　zhào（介）
(dialect) towards,
in the direction of

20 啪啪　pāpā（象声）
(onomatope) pop

21 耳贴子　ěrtiēzi（名）
(dialect) a slap in the face

开口。要说呢，这都两年前的事儿了。有一回呢，她上澡堂子洗澡。你说你洗澡你就洗澡吧，你带金项链干吗啊！那是结婚的时候我送给她的。等她进了澡堂子呢，刚把衣裳脱光了，上来一个小偷，一把就把那金项链薅下来了，撒腿就往外跑啊。这小偷心说了，您合着不能光着屁股出来追我吧。可你猜怎么着？这娘儿们，她居然她就光着屁股追出去了。这满大街可就热闹了！没见过呀！谁见过这个呀！一娘儿们光着身子满大街地狂奔。可开了眼喽！这小偷呢，也是没想到，还真让这阵势吧，给吓住了。没跑多远，一跟头儿栽马路牙子上了。得，闹了个人赃俱获！这事儿传得快呀！没多大工夫我就知道了。可这娘儿们回来，她还跟我白话，说她如何如何地勇斗小偷，夺回金项链。我上去照着她"啪啪"就是俩大耳贴子，我们家这点儿脸全让她给丢

光了！少废话，我他妈跟你离！就打那以后吧，我们俩就再也没消停过。

澡堂池子里

老　刘：陕北那地方，缺水，一年四季也下不了一场雨。那地方人哪，不洗澡！不是不想洗，是没有水洗哦……

陕北某地，水井边

某农民：井干了，三五天不会有水啦，回去吧。

陕北窑洞内

秀儿妈：咋办呀？没两天啦。

秀儿爸：家里的粮食还够吃吧？

秀儿妈：不多了，将将够吃。

秀儿爸：走。

澡堂池子里

老　刘：这是那个地方的风俗，姑娘在出嫁以前哪，一定要洗个澡才能上路。那个姑娘就是二明他妈。

张金浩：跟您说实话吧，我不行了。从打那回以后，我一见了她我就……没辙儿，一点辙儿都没有了。您说，我们不离，还能怎么着呢？

1　废话　fèihuà （动）
　　to talk nonsense

2　打　dǎ （介）
　　since

3　消停　xiāoting （动）
　　(dialect) to cease, to stop

4　陕北　Shǎnběi （名）
　　north of Shaanxi Province

5　季　jì （名）
　　season

6　咋　zǎ （代）
　　(dialect) how

7　将将　jiāngjiāng （副）
　　(dialect) just, barely, only

8　风俗　fēngsú （名）
　　custom

9　出嫁　chū jià
　　(of a woman) to get married

10　上路　shàng lù
　　to set out on a journey,
　　to start off

11　实话　shíhuà （名）
　　truth

▶ 澡堂里

老　刘：哦，对了，一会儿你帮我个忙。

大　明：您说。

老　刘：金浩下班回来，你请他在外头吃顿饭，啊。

大　明：哎。

▶ 晚上，澡堂门口

大　明：爸！

老　刘：怎么样，吃好了吗？

张金浩：挺好，挺好。

老　刘：去泡泡澡，我给你烧了一池子热水，放了点儿药，兴许能治你的病。

张金浩：行吗？我可试了不少药了，没一个管用的。

老　刘：我特为你给配的药啊！你试试去！去吧，水都凉了。

张金浩：那我先进去。

老　刘：去去去，哎呀。二明，走。

大　明：爸，我跟你们一块儿去？

老　刘：走，走。

▶ 街边公园里

老　刘：累了吧，来，歇会儿。这身子骨儿不行啊！还得锻炼，啊。

苗壮这孩子，大夫说，他心理碍事儿，一上台就紧张，一个字都唱不出来。

1　池子 chízi （名）
bathing pool

2　兴许 xīngxǔ （副）
(dialect) maybe

3　管用 guǎnyòng （动）
to be effective

4　特 tè （副）
for a special purpose,
specially

5　配 pèi （动）
to blend, to mix

6　歇 xiē （动）
to take a rest

7　身子骨儿 shēnzigǔr （名）
(coll.) one's health, body

8　心理 xīnlǐ （名）
psychology, mentality, mental

9　碍事儿 ài shìr
to be a hindrance; (used in
the negative) to be of
consequence

10　上台 shàng tái
to mount the platform

某阿姨： 小伙子，你怎么还不唱？会唱不会
唱啊？不会唱下去换别人。

大　明： 我以后一定常回来看您。

老　刘： 没事儿，我那天说的气话，你甭往心
里去。真的，我跟二明是挺好的。你
该忙什么，你还忙去。想着把她也带
回来见见。

大　明： 哎。

1　气话　qìhuà（名）
words said in a fit of rage

▶ 澡堂池子里

大　明： 四十八、四十九、五十、五十一、
五十二、五十三。
爸，我给您搓搓背吧。您等等，我去
去就来啊。

2　搓背　cuō bèi
to give or get a rubdown
with damp towel

▶ 家里

大　明： （打电话）你让他们别急，我马上就
回去。嗯，两天吧。啊，好，知道
了，哎，就这样，再见！

▶ 澡堂池子里

大　明： 爸，来吧！爸！爸！爸！爸！

1 **不在** bú zài
(euphemistic) to die,
to pass away

▶ 澡堂里

大　明：二明，今天咱们不开业了。不用干了，
咱们以后也不开业了。二明，咱爸
不在了。爸死了，以后不会再回来了。

二　明：咱爸牺牲了？

大　明：二明！

▶ 澡堂门口

张金浩：你打算怎么办？

大　明：这澡堂子反正也得拆，二明嘛，我肯
定得带他走！不过现在不行，我得
先回去一趟。我怕他嫂子一下子接
受不了他。

张金浩：那先叫他住我们家，我们帮你
看着。

大　明：算了，还是别麻烦你们了。

张金浩：这叫什么话！这有什么可麻烦的。

大　明：看他现在这个情况，最好先离开这个
环境。没关系，我会安排好他的。

▶ 家里

大　明：这些，明天都可以带着。

▶ 精神病院里

大　明：二明！
对，就住两个月。到时候我就来接他。
麻烦您，让您多费心了。

2 **费心** fèi xīn
to give great care,
to take much trouble

护　士：好的，您就放心吧。

大　明：二明，听护士话，我把那边安排好
　　　　了，就来接你。二明，那我走了啊！

▶ 家里

大　明：二明！二明！二明！

▶ 澡堂里

大　明：（打电话）那天没走成。我爸去世了。
　　　　我父亲去世了。我也不知道，前几
　　　　天确实好好的。那天洗澡，我说给
　　　　他搓搓背，这时候，正好你来电话
　　　　了。就是咱们在说话的时候，他就
　　　　过去了。真的没想到！在这之前，
　　　　他还说什么时候带你回来见见面。
　　　　就这一转眼的工夫，真的不能相信！
　　　　其实他已经病了很久了，可是我却
　　　　什么都不知道。有件事情我要告诉
　　　　你，我弟弟是个傻子。实在对不
　　　　起，我一直瞒着你，没对你说。其
　　　　实我想对你说的。可是不知道为什

1	去世　qùshì　（动） to die, to pass away
2	过去　guòqu　（动） (euphemistic) to die, to pass away
3	一转眼　yì zhuǎn yǎn instant, twinkling of an eye
4	其实　qíshí　（副） in fact, actually
5	傻子　shǎzi　（名） fool
6	瞒　mán　（动） to conceal, to hide the truth from

◉ **就这一转眼的工夫**

　　"工夫"常用于口语，表示"时间"。"一转眼的工夫"表示"很短的一段时
间"，例如：

　　"工夫" is a colloquial expression for "time" and "一转眼的工夫" means "with a blink
of the eye", for example:

　　　　今天孩子的作业特别少，一转眼的工夫，他就做完了。

　　　　看来你真的饿了，一转眼的工夫，你就吃了六个包子。

么，没说出口，真的十分抱歉！现在父亲死了，他怎么办？他得和我在一起，我得把他带回去，成吗？喂？

▶ **澡堂里**

大　明：二明，你去接待客人，我来做。

▶ **澡堂里**

二　明：客人好！请！

大　明：给您续上了。怎么就您一个人玩呀？

老　林：唉，这儿啊，嘿，玩这个的没几个了。

大　明：吴大爷呢？

老　林：说的是呀。这不，好些日子没瞅见他了。

老澡客：哎，你不知道啊，老吴头的蛐蛐儿都给砸死啦。

老　林：怎么回事？

老澡客：这么回事，他们隔壁呀要搬家，那工人们哪，把他那围墙给推倒了。把老吴头那几排蛐蛐儿都给砸在里头了。他一着急，生一场病，现在没好呢。

▶ **晚上，胡同里**

大　明：咱比赛吗？一、二、三。
　　　　还弄它干吗？马上就要拆了。

何　正：嗨，这不是老爷子以前一心愿嘛，说什么咱也让它亮一回。

1　接待 jiēdài（动）
　　to receive, to take in (guests)

2　续 xù（动）
　　to add, to supply more

3　蛐蛐儿 qūqur（名）
　　cricket (an insect)

4　砸 zá（动）
　　to pound, to ram, to tamp

5　围墙 wéiqiáng（名）
　　enclosing wall, enclosure

6　心愿 xīnyuàn（名）
　　cherished desire,
　　aspiration, wish, dream

▶ 街道文艺晚会上

报幕员：下一个节目：男声独唱《我的太阳》，
　　　　表演者：苗壮。

▶ 澡堂池子里

老　吴：哎！您家分哪儿去了？

老　林：冲东。

老　吴：哟，不错呀，我家分大冲啦。

老　林：呵，那可够远的。

老　吴：可不，往后啊，咱们再想一块儿掐蛐
　　　　蛐儿呀，可不太容易啦。

老　吴：唉——
老　林：

老　林：反正我也想开了，一搬家我就不养蛐蛐
　　　　儿了。

老　吴：哎，怎么了？

老　林：怎么了？不知道吧？

老　吴：不知道。

老　林：哎，我告诉你。

老　吴：哎。

老　林：蛐蛐儿啊，一离开地气，立刻不活了。

老澡客：是吗？

老　林：是吗！？我有个小兄弟，去年，搬到
　　　　楼里去了。您猜怎么着？好几十只
　　　　蛐蛐儿，一眨么眼的工夫，全膈儿
　　　　啦。与其这样，那还不如全都把它
　　　　放了嘛。

老　吴：哎，我这还头一回听说，唉，往后啊，

1　男声　nánshēng（名）
　　(music) male voice

2　独唱　dúchàng（名）
　　(in singing) solo

3　者　zhě（尾）
　　(used after a noun to indicate
　　the person) -er

4　分　fēn（动）
　　to allot, to allocate

5　反正　fǎnzhèng（副）
　　anyway, in any case

6　想开　xiǎng kāi
　　to take things easy, not to take
　　things to heart

7　地气　dìqì（名）
　　ground vapor

8　一眨眼　yì zhǎ yǎn
　　instant, twinkling of an eye

9　膈儿　gěr（动）
　　(coll.) to die

10　与其　yǔqí（连）
　　rather than, better than

也没什么好玩的啦。

老　　林：哎，玩呀，我倒不担心。我担心的呀，
一搬进那新小区，连个澡堂子也没
有。那，上哪儿洗澡去？是不是？

老澡客：唉，就是啊。

张金浩：哎，哎，哎！我们家啊，买了热水器
啦，正装修呢！明儿个嘿，在家里
头就能洗鸳鸯浴啦。

老　　林：去！去！去！还什么鸳鸯浴呢。哎哟
喂，你说那热水器，啊，一个人在
这儿淋着，那哪有在这儿泡着舒
坦啊？

老　　吴：是啊，你看大伙儿，在澡堂子里头说
说笑笑，多热闹啊。

老　　林：唉！

老　　吴：完啦，完啦！

1　小区　xiǎoqū（名）
residential area, residential
district

2　热水器　rèshuǐqì（名）
water heater

3　装修　zhuāngxiū（动）
to fit up (a house, etc)

4　鸳鸯浴　yuānyāngyù（名）
love bath

5　淋　lín（动）
to pour, to drench, to spray,
to drizzle

6　大伙儿　dàhuǒr（名）
(coll.) we all, you all,
everybody

7　滋　zī（动）
to spurt, to burst

▶ **澡堂里，工人在搬家**

二　　明：干吗？干吗？干吗？

工　　人：你有病啊你！

大　　明：怎么回事？

工　　人：让我们来搬家，为什么拿水滋我们？这
算什么意思啊？

大　　明：二明！二明！二明！你怎么啦？有话跟
我说啊！二明！二明！

二　　明：啊！啊！啊！

大　　明：二明！二明！

▶ 圣湖

（画外音）：爸爸说她们要到很远、很远的湖
里去洗澡。

她们啊，把那湖水看得可神圣了，
叫圣湖。那湖水不光是能洗净身
子，还能洗干净自己的灵魂，治百
病。所以这一辈子，她们一定要到
那个圣湖去洗一回澡。她们家离着
圣湖太远喽，她们走了很远、很远
的路。天也冷了，小姑娘也走不动
了。她就问奶奶：什么时候能到
啊？奶奶说：快了！姑娘又问：这
么大冷的天，能洗澡吗？奶奶说：
那圣湖啊有自己的属性，要是错过
了今年哪，就得十二年以后了。奶
奶怕是活不到十二年了，所以一定
要赶到今年年底到达圣湖。唉，洗
个澡多不容易！

1	神圣 shénshèng （形） sacred, holy
2	净 jìng （形） clean
3	灵魂 línghún （名） soul, spirit
4	属性 shǔxìng （名） property, attribute, quality and character of matter
5	怕是 pàshì （副） probably, perhaps

▶ 澡堂里池子边

大　明：我知道你不想离开这儿，可这澡堂子
总要拆的。就像爸爸要离开我们一
样。你必须面对这个现实，我也得面
对。我很自私，甚至对你嫂子一直隐
瞒你的情况。我现在不知道她是怎么
想的，不过，不管怎么样，我们今后
一定会在一起的。这是最重要的。我
想爸爸知道了，也会高兴的。

6	面对 miànduì （动） to face, to confront
7	现实 xiànshí （名） reality, fact
8	自私 zìsī （形） selfish
9	甚至 shènzhì （连） even
10	隐瞒 yǐnmán （动） to conceal, to hide the truth from

9 答 案
Keys

1 大明回家
判断对错
1. F　2. F　3. F　4. T　5. F
选择与画线部分意思最接近的词语
1. B　2. A　3. B　4. C　5. B　6. A

2 二明丢了
判断对错
1. F　2. F　3. F　4. T　5. F
选择与画线部分意思最接近的词语
1. C　2. B　3. B　4. A　5. B

3 大明顶班
判断对错
1. F　2. T　3. T　4. T　5. F
选择与画线部分意思最接近的词语
1. B　2. A　3. C　4. A　5. A

4 老刘去世
判断对错
1. T　2. F　3. F　4. F　5. T
选择与画线部分意思最接近的词语
1. B　2. A　3. B　4. C　5. B

5 最后的澡堂子
判断对错
1. T　2. F　3. F　4. T　5. F
选择与画线部分意思最接近的词语
1. A　2. B　3. C　4. A　5. C

7 综合练习
一、把所给词语放在合适的位置
1. B　2. C　3. B　4. B　5. D　6. C　7. D　8. D　9. D　10. C
二、多项选择
1. B　2. C　3. B　4. C　5. C　6. A　7. A　8. C　9. B　10. C
三、选择合适词语填空
1. 在乎　2. 干吗　3. 往心里去　4. 知足　5. 想开　6. 居然
7. 改天　8. 自私　9. 甚至　10. 偶尔　11. 倒　12. 当心